1 たからさがしに いこう

たからばこまで すすんで いこう。
せまい みちも はみださずに
すすもうね。

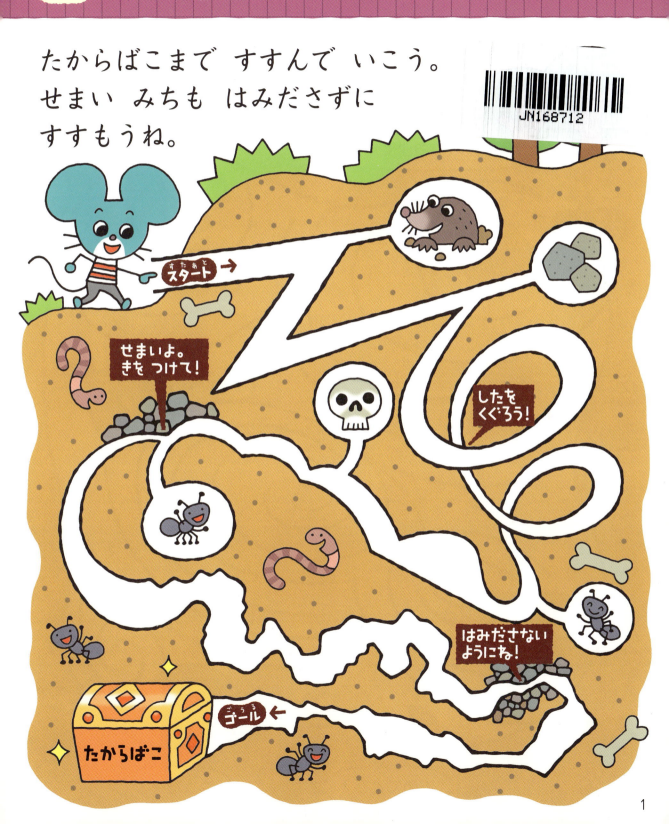

3 なにを つったかな？

交差した道の迷路です。交差した下の道も進めることを教えてあげましょう。

だれが なにを つったかな。つりいとを たどり，□に つった ものの なまえを かきましょう。

4 しまに いこう

字形が似ているひらがなを見分け、正しいほうへ進みます。

くまさんの いる しまに いくよ。うみの いきものに であったら、ただしい なまえの ほうへ すすみましょう。

5 いくつかな？ ①

あみだ迷路をたどって数を数え，1から5までの数字を書きます。

1 2 3 4 5

みんなが あめを もらったよ。いくつ もらったかは，あみだめいろを たどると わかるよ。もらった あめの かずを ☐に かきましょう。

あみだめいろは，まがりかどに きたら，かならず まがるのが ルールだよ。

6 いくつかな？ ②

みんなが ラムネを もらったよ。いくつ もらったかは、あみだめいろを たどると わかるよ。もらった ラムネの かずを □ に かきましょう。

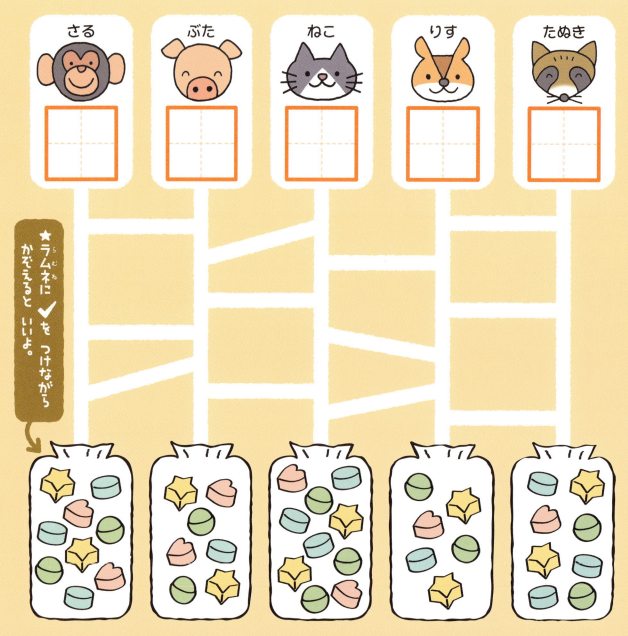

7 しりとりを しよう ①

しりとりめいろだよ。スタートから ゴールまで しりとりを しながら すすみましょう。

9 かずの じゅんに すすもう

9・10ページで、ひと続きの迷路になっています。

1→2→3→4→5→6→7→8→9→10の じゅんに はしを わたって すすみましょう。

このページは、1から5までのはしがあるよ！

おなじ みちを とおっては いけないよ！

6から10は、つぎのページだよ！

10 おやつは なにかな？ ①

ひらがなを集める迷路です。4文字集めて おやつの名前を書きます。

きょうの おやつは なにかな。
もじを あつめながら ゴールまで すすみましょう。
おやつの なまえが でて くるよ。

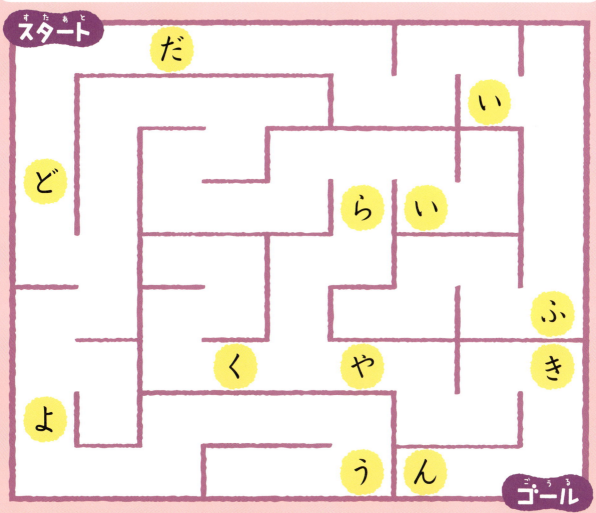

おやつの なまえを かこう。

11 おやつは なにかな？ ②

ひらがなを集める迷路です。7文字を集めておやつの名前を書きます。

もじを あつめながら ゴールまで すすみましょう。こんどは、どんな おやつが たべられるかな。

おやつの なまえを かこう。

12 1から 10まで すすもう ①

1から10までの数を順にたどります。

1から 10まで かずを じゅんに たどって、10ぽんの はなたばを つくりましょう。

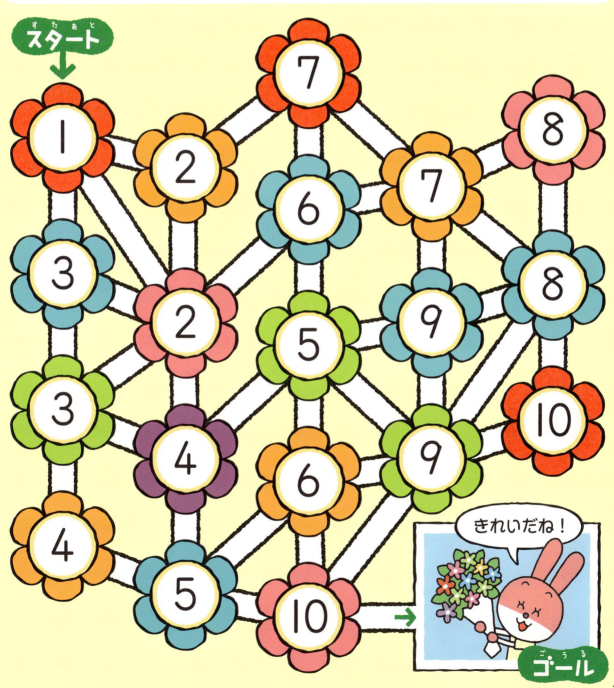

13 1から 10まで すすもう ②

1から 10まで かずを じゅんに たどろう。
3かい くりかえすと ゴールまで いけるよ。

14 しりとりを しながら すすもう

指定された順番どおりに進む迷路です。言葉を唱えながら進みましょう。

「まり → りす → すし → しま」の しりとりを くりかえして、ゴールまで すすみましょう。

おなじ ところは 2ど とおれないよ。

15 なにが でて くるかな？

細かいます目を進む迷路です。細やかな手の動きの練習にもなります。

あいて いる ますを ぬりながら, スタートから ゴールまで すすむと, のりものの えが でて くるよ。
えの なまえを ☐☐ に ひらがなで かきましょう。

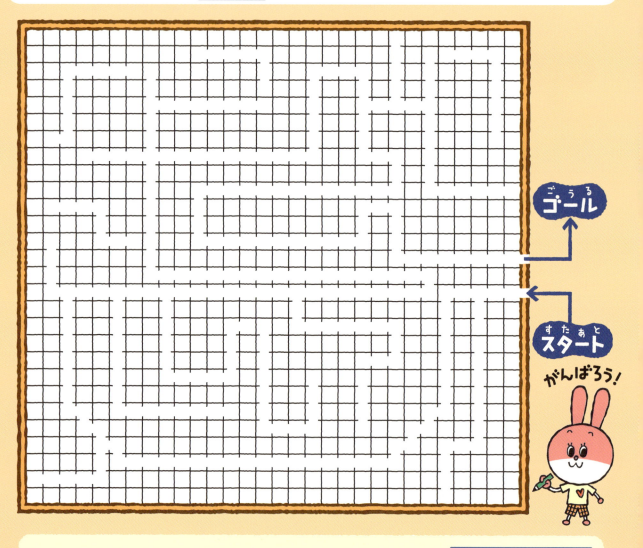

どんな のりものの えが でて きたかな。
ひらがな 2もじで かきましょう。

※ 字を書くのが難しいときは、声に出して答えてもかまいません。

16 おおい ほうへ すすもう

17・18ページで，ひと続きの迷路になっています。
1から10までの数で，多いほうへ進みます。

りんごばたけに やって きたよ。りんごの かずが おおい ほうの きを えらんで，スタートから ゴールまで すすみましょう。

17 ただしい かたかなを たどろう

字形が似ているかたかなを見分け，正しいほうへ進みます。

ただしい かたかなを えらんで すすむと，ぜんぶの どうぶつに あえるよ。ゴールまで がんばろう。

18 プレゼントは いくつ あるかな?

ますが余らないように、「プレゼント」の5文字をたどります。

「プレゼント」と いう もじを たてや よこに つないで いこう。ぜんぶの もじが 「プレゼント」で うまく つながるよ。

19 いくつ ひろったかな？ ①

シールを つかおう！

拾ったどんぐりと同じ数だけシールを貼り、数字を書きます。

りすが どんぐりを ひろいながら、スタートから ゴールまで すすむよ。なんこ ひろったかな。

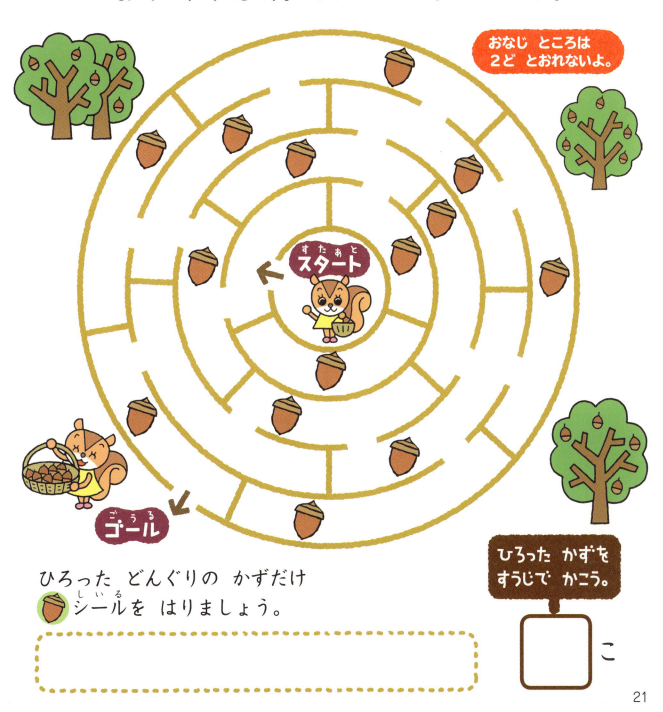

おなじ ところは 2ど とおれないよ。

ひろった どんぐりの かずだけ 🌰 シールを はりましょう。

ひろった かずを すうじで かこう。

□ こ

20 いくつ ひろったかな？ ②

シールを つかおう！

拾った貝がらと同じシールを貼り，数を数字で書きます。

くまさんが かいがらを ひろいながら，スタートから ゴールまで すすむよ。なんこ ひろったかな。

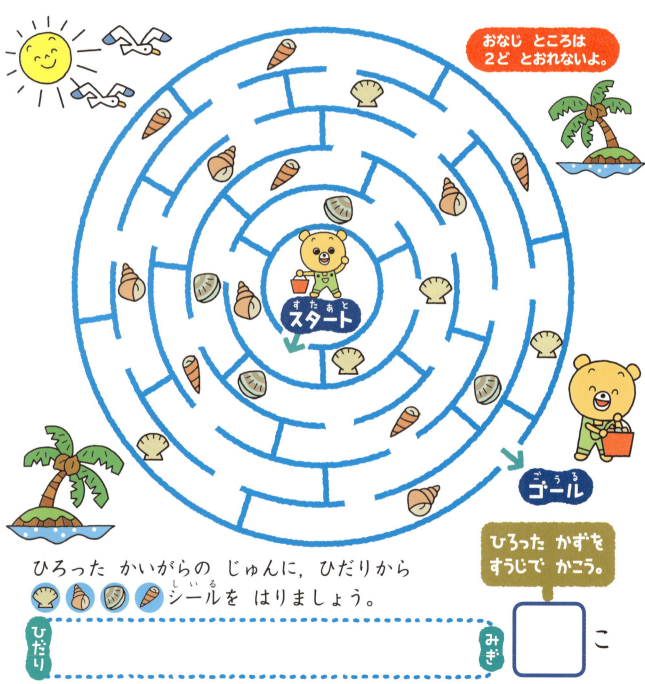

おなじ ところは 2ど とおれないよ。

ひろった かいがらの じゅんに，ひだりから シールを はりましょう。

ひだり

ひろった かずを すうじで かこう。

みぎ ☐ こ

21 かたかなしりとりを しよう

かたかなの しりとりだよ。
スタートから ゴールまで すすみましょう。

22 どんな ことばに なるかな？

かたかなを集める迷路です。5文字集めて正しく書きます。

もじを あつめながら ゴールまで すすむよ。どんな ことばに なるかな。あつめた もじを □□□□□に じゅんに かきましょう。

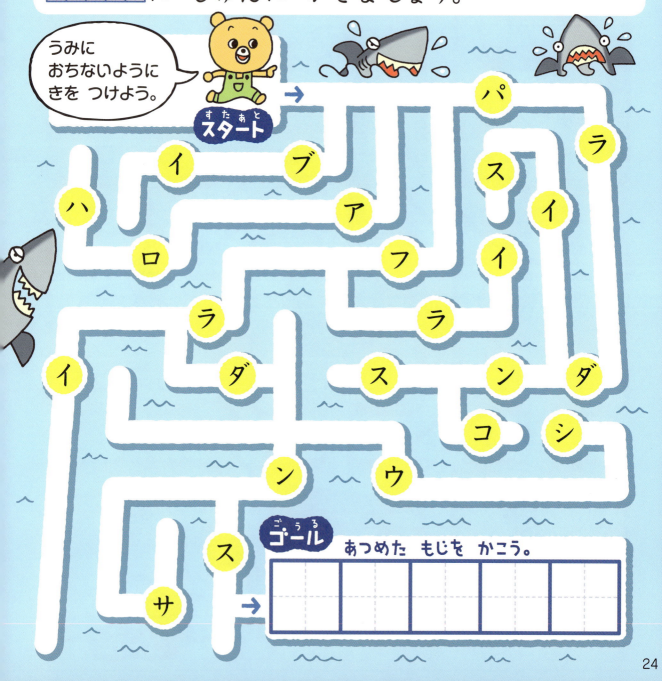

23 1から じゅんに すすもう ①

1から9までの数を順に進めるように,数字を書き入れましょう。

1から 9まで じゅんに へやを とおりぬけると, おばけやしきから でられるよ。あいて いる へやに すうじを かきながら, ゴール(ごうる)まで すすみましょう。

24 1から じゅんに すすもう ②

1から16までの数を順に進めるように，数字を書き入れましょう。

1から 16まで じゅんに へやを とおりぬけると，たからばこまで いけるよ。あいて いる へやに すうじを かきながら，ゴール(ごうる)まで すすみましょう。

★うすい すうじは なぞりましょう。

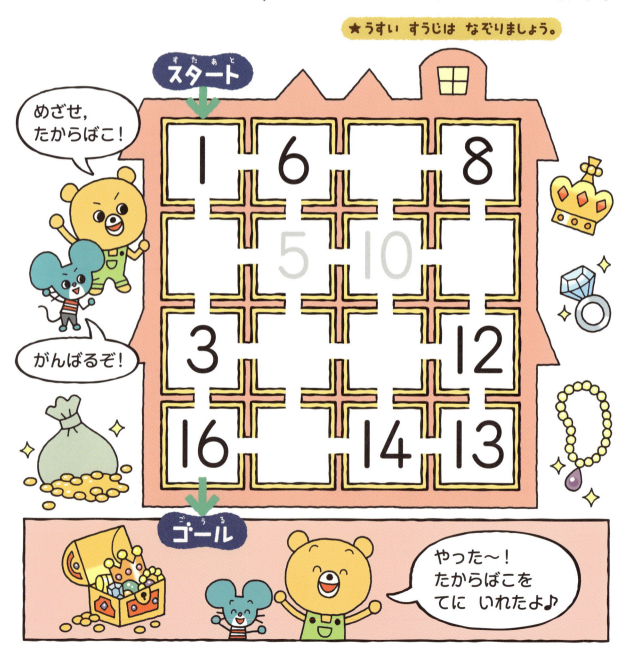

25 ただしい いみは どちらかな？

27・28ページで、ひと続きの迷路です。言葉に合う絵を選んで進みます。

ことばの いみに あう えの ほうに すすみましょう。

合計が8になるように1, 2, 3…と数えながら進みます。

26 どこを とおったかな？

ねずみさんが チーズを ぜんぶで 8こ たべたよ。
ねずみさんが とおった みちを たどりましょう。

28 じゅんばんに すすもう

シールを つかおう！

絵に合う動きを表す言葉を選んで進みます。公園での遊びをイメージして進みましょう。

ねずみさんは なにを して いるのかな。えを みて ★ に あう ことばシールを はりながら、ゴールまで すすみましょう。

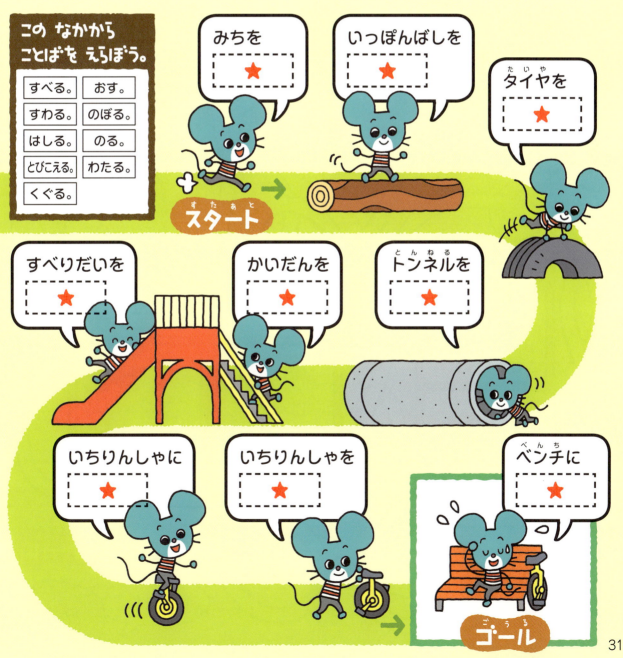

1つの言葉で複数の意味を持つ「多義語」の迷路です。

29 「かく」のは どちらかな？

○○の なかに 「かく」が はいるのは どちらかな。
ただしい ほうを えらんで, ゴールまで すすみましょう。

30 1から 20まで すすもう

1から20まで数の順に進みます。数を飛ばさないように気をつけましょう。

1から 20まで ビーだまを たどって すすみましょう。

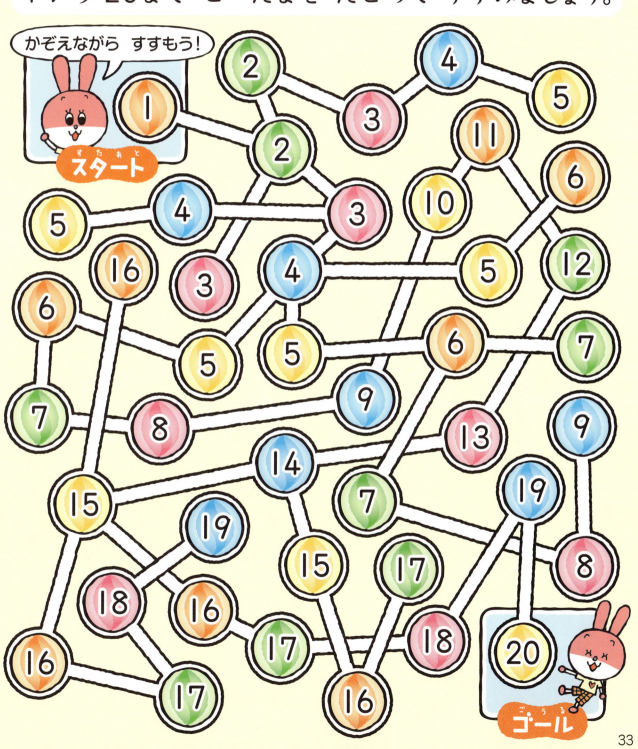

31 1から 30まで すすもう

1から30まで数の順に進みます。数を飛ばさないように気をつけましょう。

みつばちが みつを あつめに いくよ。
1から 30まで かずを じゅんに たどって
ゴールまで すすみましょう。

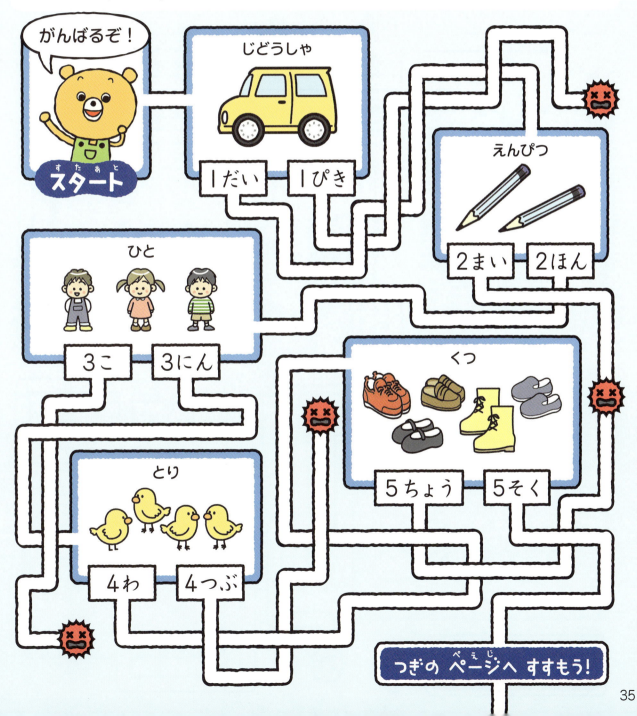

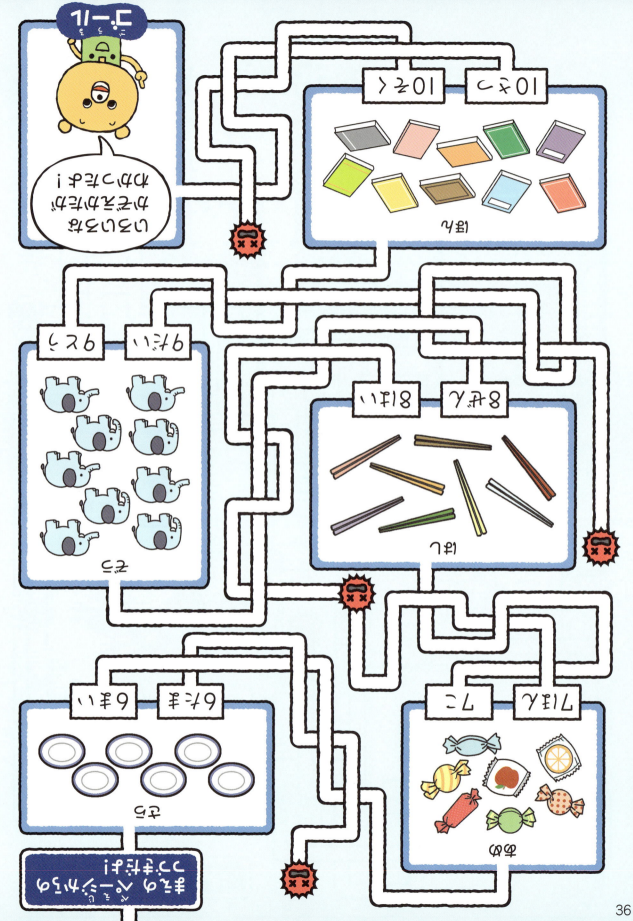

33 クイズに ちょうせん ①

37・38ページで, ひと続きの迷路です。クイズを解きながらゴールまで進みます。

クイズを よんで, ただしい こたえを えらんで すすみましょう。

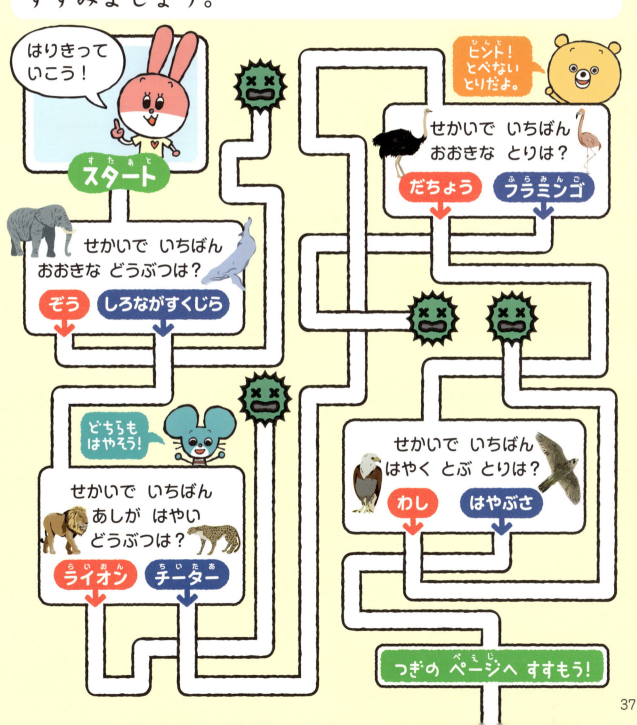

34 「とる」のは どちらかな？

39・40ページで、ひと続きの迷路です。多義語「とる」が使えるほうを選んで進みます。

○○の なかに 「とる」が はいるのは どちらかな。
ただしい ほうを えらんで、ゴールまで すすみましょう。

35 あわせて 10に しよう

合わせて10になるほうを選んで進みます。

すうじの ところに きたら、あわせて 10に なる クレヨンの ほうへ すすみましょう。

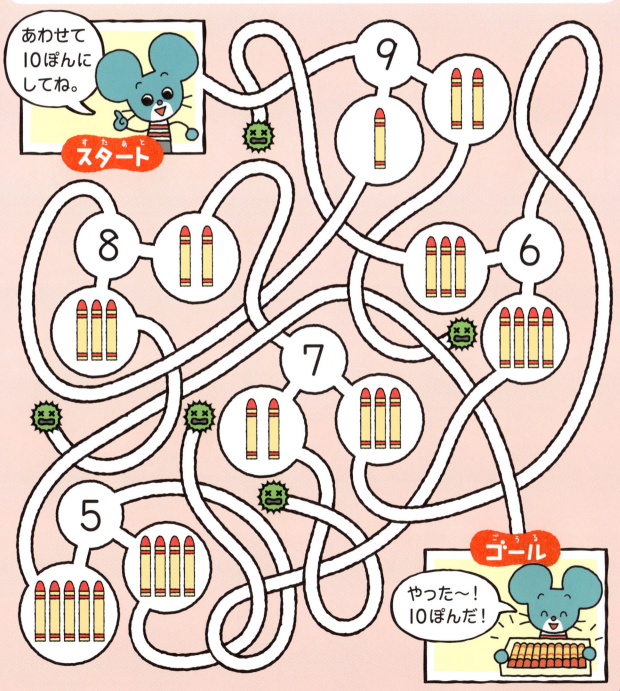

36 あわせて 20に しよう

すうじの ところに きたら，あわせて 20に なる いちごの ほうへ すすみましょう。

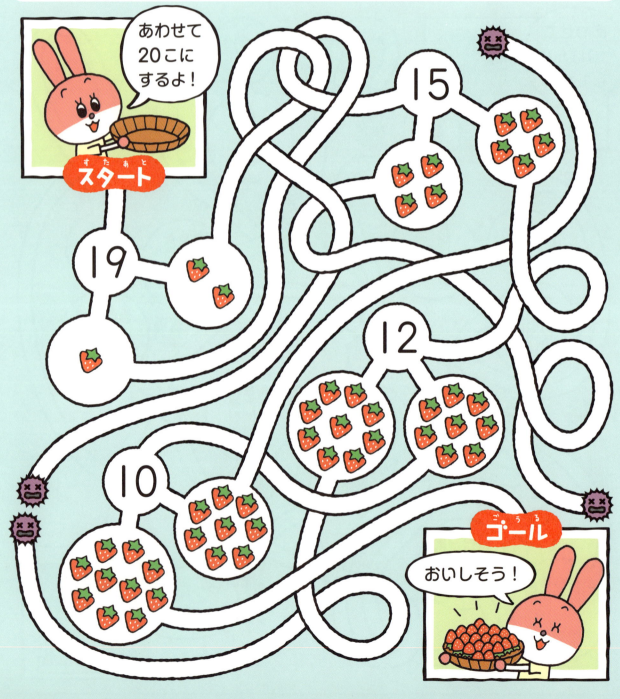

37 はんたいの ことばは なにかな？ ①

はんたいの ことばは どれかな。
あみだめいろを たどって えを ヒントに、
ことばシールを はりましょう。

かりる　のびる　ふくらむ　ひらく

38 はんたいの ことばは なにかな？ ②

シールを つかおう！

様子を表す言葉の反対語の組み合わせを考えます。

はんたいの ことばは どれかな。
あみだめいろを たどって えを ヒントに、
ことばシールを はりましょう。

39 おなじ かずの ほうへ すすもう ①

積み木が4個あるところを全部通って進みます。

4この つみきで つくった かたちを
ぜんぶ とおって、ゴールまで すすみましょう。

おなじ ところは 2ど とおれないよ。

つみきが 4こ ある ところを ぜんぶ とおってね。

いろいろな くみあわせが あるね。

40 おなじ かずの ほうへ すすもう ②

積み木が6個あるところを全部通って進みます。かくれている積み木に注意しましょう。

6この つみきで つくった かたちを ぜんぶ とおって, ゴールまで すすみましょう。

おなじ ところは 2ど とおれないよ。

みえない ところにも つみきが あるよ。

スタート

ゴール

がんばったね！

> ちょうど3時を指している時計を選んで進みます。

41 3じは どれかな？

いま 3じです。ちょうど 3じを さして いる とけいだけを ぜんぶ とおって，スタートから ゴールまで すすみましょう。

おなじ ところは 2ど とおれないよ。

42 うまく つながるかな？

えに あう ぶんに なるように，ただしい ほうを えらんで すすみましょう。

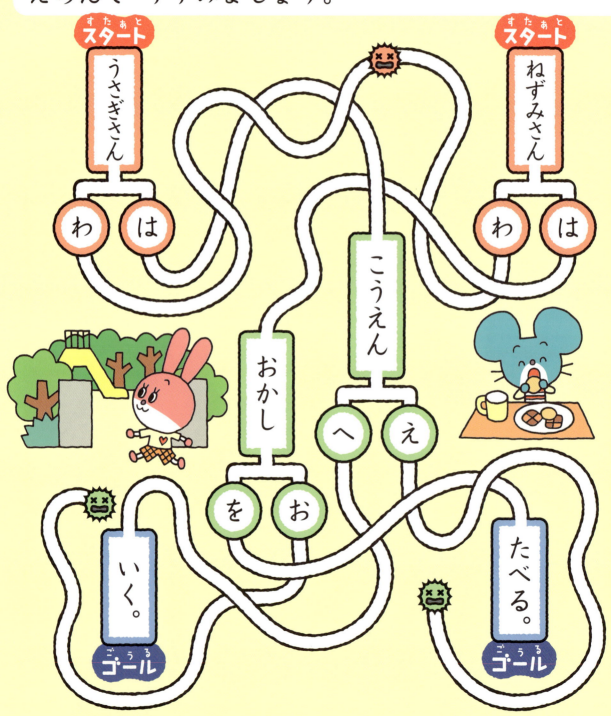

43 ただしい じこくは どちらかな？

49・50ページで、ひと続きの迷路です。一日の流れに沿って進みます。

ぶんに あう とけいは どちらかな。
ただしい ほうへ すすみましょう。

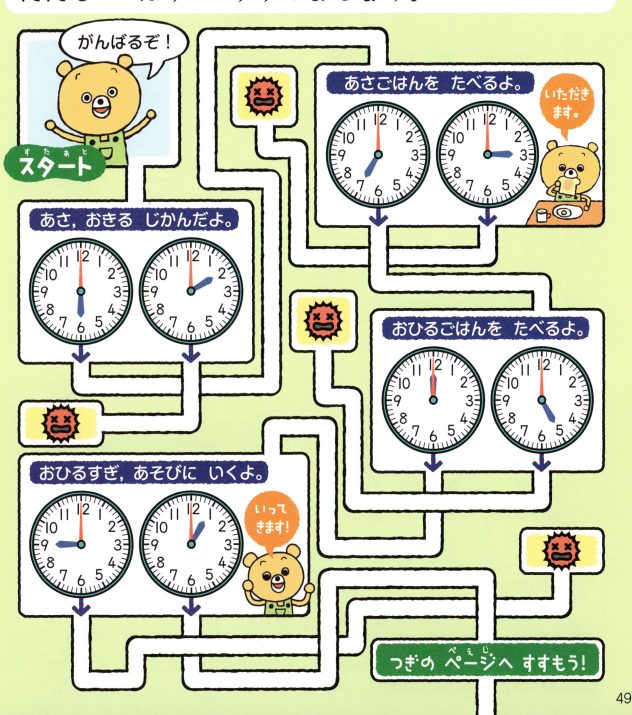

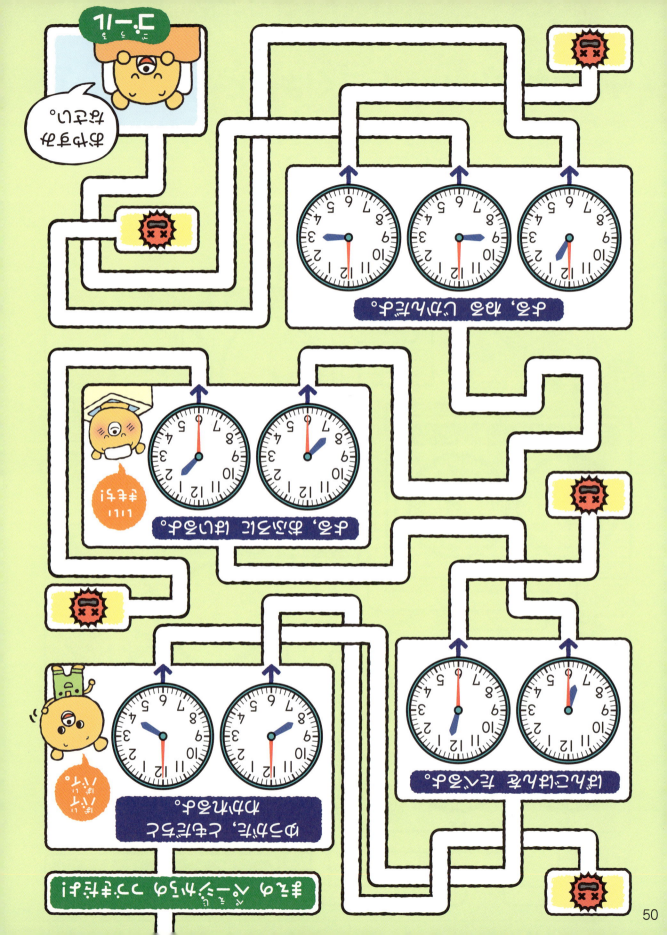

44 ぶんを つくろう ①

絵に合う文になるように、4つの言葉を組み合わせます。

えに あう ぶんに なるように、ことばを つなげましょう。

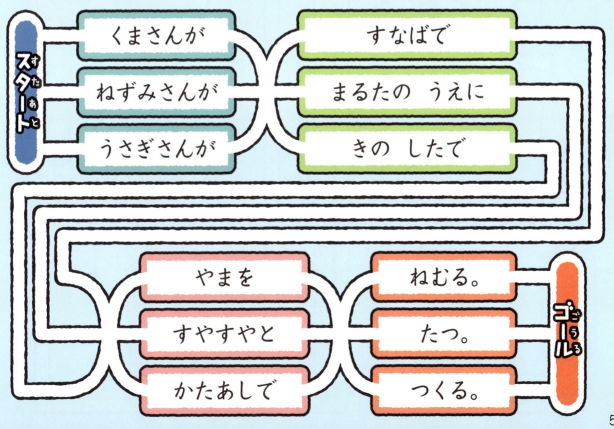

45 ぶんを つくろう ②

えに あう ぶんに なるように、ことばを つなげましょう。

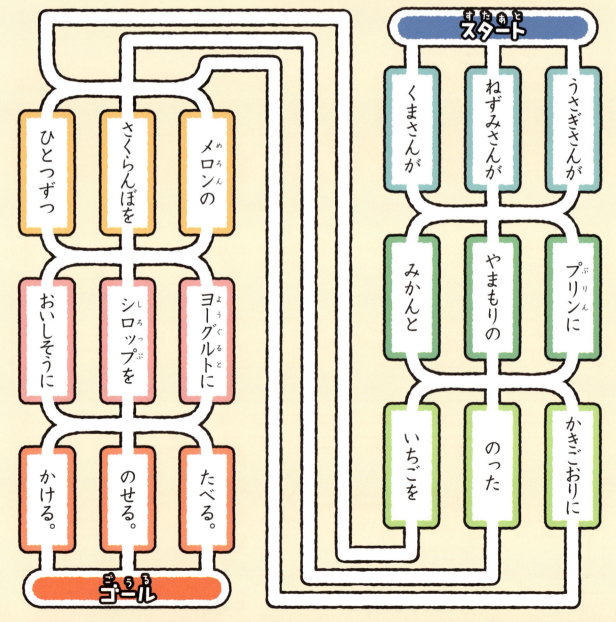

46 おおきい ほうへ すすもう ①

30までの数で、大きいほうの数に進む迷路です。

おおきい ほうの かずを えらんで、ゴールまで すすみましょう。

31から100までの数で，大きいほうの数に進む迷路です。

47 おおきい ほうへ すすもう ②

おおきい ほうの かずを えらんで，ゴールまで すすみましょう。

48 ことわざを たどろう ①

「石の上にも三年」ということわざをたどる迷路です。

▢の ことわざを **3かい くりかえして**, スタートから ゴールまで すすみましょう。
ゴールしたら, ことわざの いみを よんで みましょう。

| いしの うえにも さんねん |

▢の ぶんを 「ことわざ」と いうよ。

3かい たどると ゴールに いくよ!

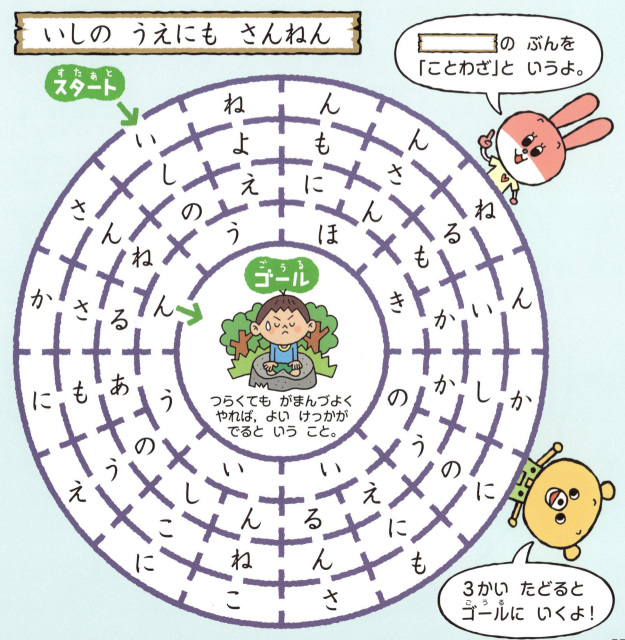

つらくても がまんづよく やれば, よい けっかが でると いう こと。

49 ことわざを たどろう ②

「猿も木から落ちる」ということわざをたどる迷路です。

☐ の ことわざを **3かい くりかえして**, スタートから ゴールまで すすみましょう。
ゴールしたら, ことわざの いみを よんで みましょう。

さるも きから おちる

かたちが にて いる もじに きを つけよう!

どんな めいじんでも しっぱいする ことが あると いうこと。

50 おおいのは どちらかな？

折り紙の数を数えながら進み，集めた枚数を書きます。

ねずみさんと うさぎさんが おりがみを あつめて ゴールまで すすむよ。それぞれ なんまい あつめられるかな。☐に かずを かきましょう。

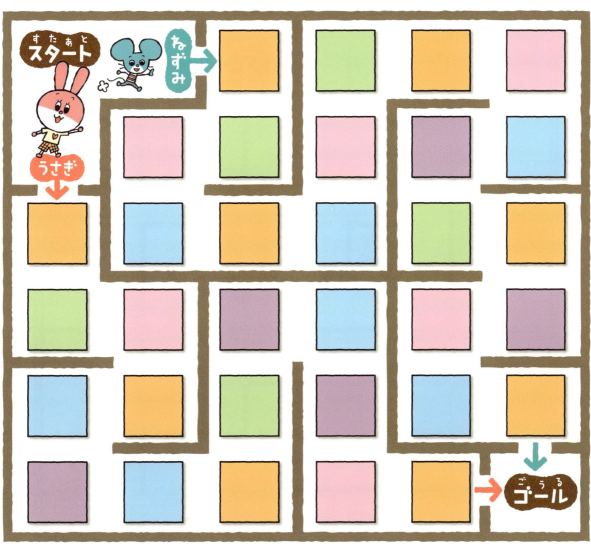

 まい まい

ますの数を数えながら進み,通ったますの数を書きます。

51 どれくらい あるくかな？

うさぎさんと くまさんが ジャングルの なかを すすむよ。
それぞれ ますを なんまいぶん あるくと でぐちに
でられるかな。☐に かずを かきましょう。

 ☐ まい ☐ まい

ますの かずが すくない ほうが ちかみちに なるよ。

52 はいくを よもう

シールを つかおう！

3つの俳句を完成させ，俳句に合う絵のシールを貼ります。

「はいく」は むかしから にほんに つたわる しだよ。

ことばを つなぐと はいく に なるよ。うまく つなげて，はいく に あう えシールを ★ に はりましょう。

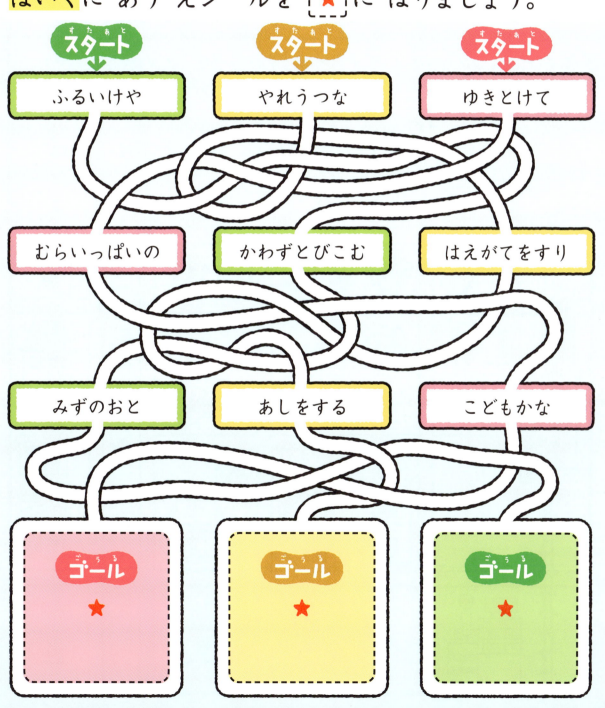

53 どう いけば いいかな？

メモの文章を読んで，目的地までの道筋を考えます。

したの メモは くまさんの いえまでの みちじゅんだよ。くまさんの いえは どこかな。

あそびに きてね！

えきを でて，さいしょの かどを みぎに まがってね。
その あと ゆうびんきょくの かどを ひだりに まがり，まっすぐ すすんでね。
はしを わたって ひだりに まがると 3げん いえが ならんで いるよ。
ぼくの おうちは，まんなかの いえだよ。

54 50えんに しよう

50えんを もって あめを かいに いくよ。
50えんの ところを ぜんぶ とおって、
ゴールまで すすみましょう。

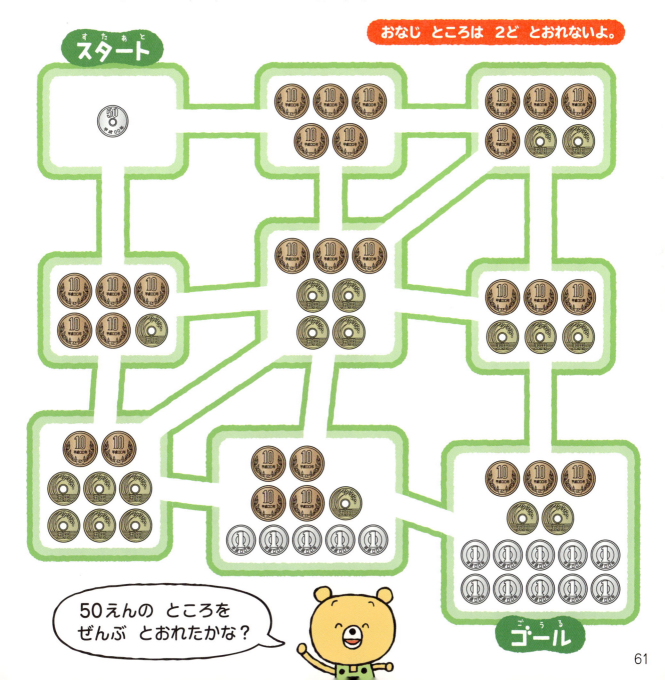

55 100えんに しよう

100えんを もって ラムネを かいに いくよ。
100えんの ところを ぜんぶ とおって,
ゴールまで すすみましょう。

おなじ ところは 2ど とおれないよ。

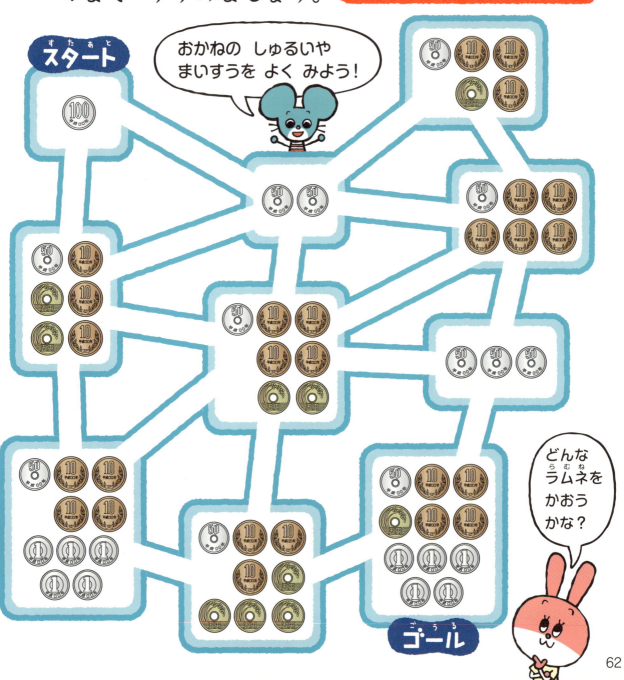

56 クイズに ちょうせん ②

クイズを よんで, ただしい こたえを えらんで すすみましょう。

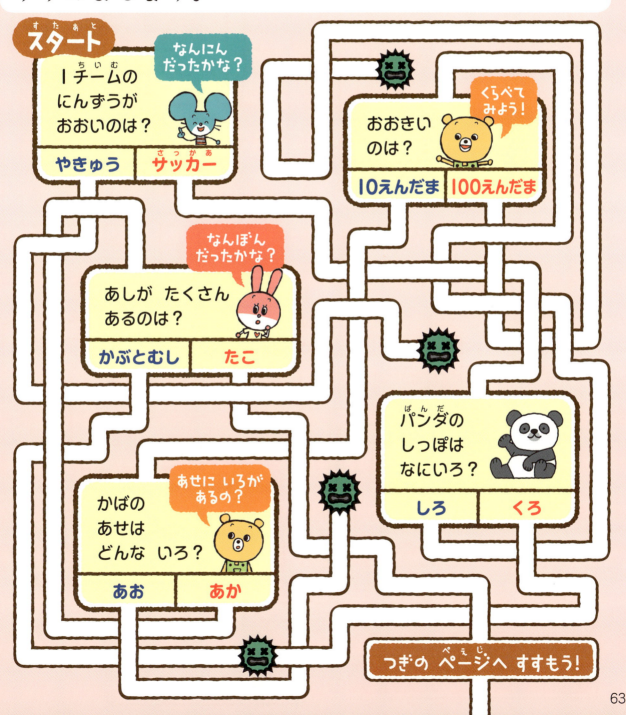

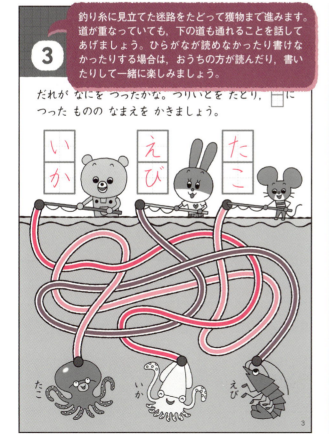

9

スムーズに進めなくて，途中で放り出してしまう場合があるかもしれません。そんなときには，無理をしないで，「また明日やってみようね。」と，次回への意欲につなげてもよいでしょう。

1→2→3→4→5→6→7→8→9→10の じゅんに はしを わたって すすみましょう。

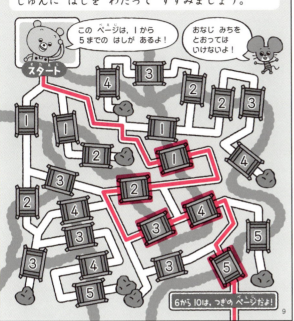

10

ねずみさんが食べているのが「どらやき」です。お子さんはどんなおやつが好きか話してみましょう。

きょうの おやつは なにかな。
もじを あつめながら ゴールまで すすみましょう。
おやつの なまえが でて くるよ。

おやつの なまえを かこう。
どらやき

11

「みたらしだんご」という言葉を知らない場合もあるかもしれません。「今日のおやつはみたらしだんごにしようか。」と，実際に食べて楽しみましょう。

もじを あつめながら ゴールまで すすみましょう。こんどは，どんな おやつが たべられるかな。

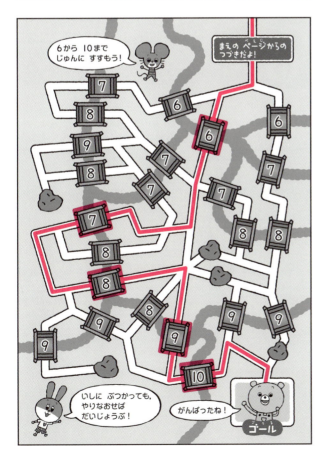

おやつの なまえを かこう。
みたらしだんご

12

すぐに「こっちの2に進もう。」と決めないで、「どちらの2に進むのがいいかな。」と言って、いったん止まって考えるように促してみましょう。

1から 10まで かずを じゅんに たどって、10ぽんの はなたばを つくりましょう。

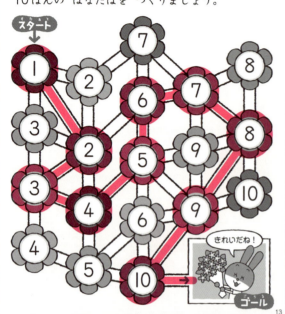

13

1から10までの数を3回繰り返します。途中で行き詰まったら、どこまで戻ればよいか一緒に考えてあげましょう。

1から 10まで かずを じゅんに たどろう。3かい くりかえすと ゴールまで いけるよ。

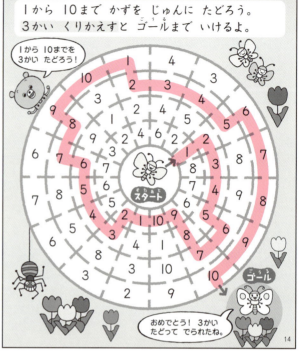

14

最初に、「まり→りす→すし→しま」の順番を覚えてから迷路をたどるといいことを教えてあげましょう。

「まり→りす→すし→しま」の しりとりを くりかえして、ゴールまで すすみましょう。おなじ ところは 2ど とおれないよ。

15

「ふね」という文字が上手に書けなくても、「がんばったから、船が出てきたよ。よくできたね！」と、ゴールまで進めたことをほめてあげましょう。

あいて いる ますを ぬりながら、スタートから ゴールまで すすむと、のりものの えが でて くるよ。えの なまえを □□ に ひらがなで かきましょう。

どんな のりものの えが でて きたかな。ひらがな 2もじで かきましょう。

| ふ | ね |

※字を書くのが難しいときは、声に出して答えてもかまいません。

68

16

5くらいまでの数なら見た目で多いほうを選ぶことができると思いますが，数が多くなると難しくなります。そんなときは，✓など印をつけながら数え，量の多少を見極めるとよいことを話してあげましょう。

りんごばたけに やって きたよ。りんごの かずが おおい ほうの きを えらんで，スタートから ゴールまで すすみましょう。

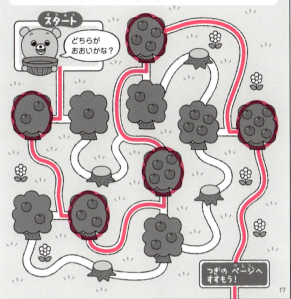

17

かたかながよくわからないときは，おうちの方が「ペンギン，ペソギソ」と一つ一つ声に出して読んであげてください。お子さんは笑いながら，かたかなに興味を持つことでしょう。

ただしい かたかなを えらんで すすむと，ぜんぶの どうぶつに あえるよ。ゴールまで がんばろう。

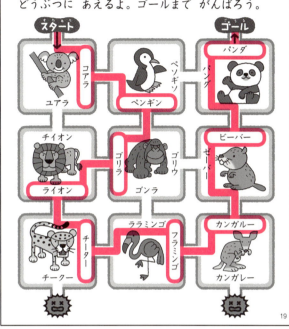

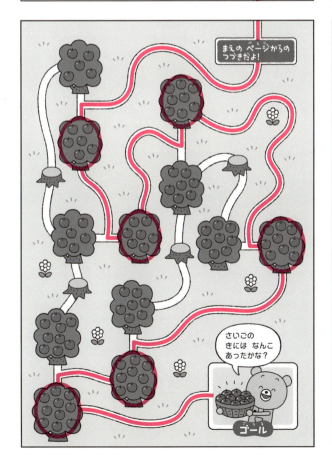

18

縦や横に文字をつないで，「プレゼント」という言葉を作ります。「ここから上に行けば，『プレゼント』になるね。」など，上下左右のますをよく見てつなぐようにアドバイスしてあげましょう。

「プレゼント」と いう もじを たてや よこに つないで いこう。ぜんぶの もじが 「プレゼント」で うまく つながるよ。

19

「迷路をたどる」「どんぐりの数を数える」「シールを貼る」という作業が同時に求められます。迷路をたどった後、どんぐりを数え、シールを貼る——という手順を一緒にやってあげるといいでしょう。

20

⑲よりも拾うものの数や絵柄が増え、複雑になっています。ゆっくりていねいに進み、無事にゴールできたときは、大いにほめてあげましょう。

21

かたかなが読めなくても、しりとりなので進むことができます。「かたかなでもしりとりができるね。」「楽しいね。」などと声をかけ、かたかなへの関心を持たせましょう。

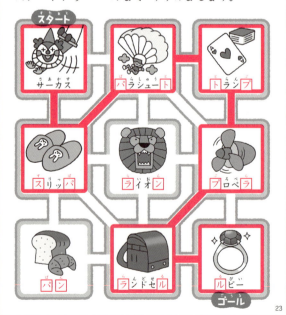

22

迷路をたどりながら通った文字を覚え、覚えた文字をますに書き出します。複数の作業をこなさなければならないので、混乱していないかどうか見てあげましょう。

23

1から9までの数をたどります。すべての部屋を通ること，数の順に進むことという2つの条件を守り，数字を書き込みます。ゆっくりと考えながら進ませましょう。

1から 9まで じゅんに へやを とおりぬけると，おばけやしきから でられるよ。あいて いる へやに すうじを かきながら，ゴールまで すすみましょう。

25

ゴールまで進めたらスタートに戻り，選ばなかった絵の言葉を考えてみましょう。例えば，「こっちの絵は『ささやく』ではなくて何という言葉かな？」とたずねてみましょう。道をたどると，「さけぶ」に続くので，確かめることができます。

ことばの いみに あう えの ほうに すすみましょう。

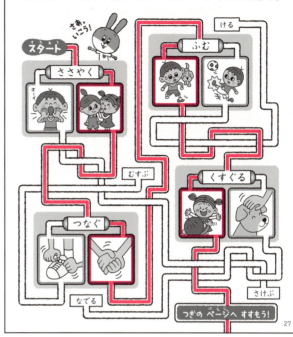

24

今度は，1から16までたどります。「4の数字が抜けているね。5の部屋にうまくつなげられるかな？」などと抜けている数字を挙げながら，次につなげるヒントを出してあげるといいでしょう。

1から 16まで じゅんに へやを とおりぬけると，たからばこまで いけるよ。あいて いる へやに すうじを かきながら，ゴールまで すすみましょう。

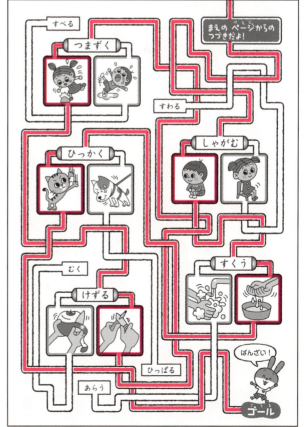

26 チーズを全部で8個食べられる道を探します。間違えたら,一緒に数えて確かめてあげましょう。

ねずみさんが チーズを ぜんぶで 8こ たべたよ。
ねずみさんが とおった みちを たどりましょう。

27 「迷路をたどる」「合計数を8にする」という2つの条件を満たさなければならないため,難しく感じるお子さんもいるでしょう。迷っていたら,「こっちへ行くとどうかな?」と一緒に考えてあげましょう。

うさぎさんが にんじんを ほりに でかけたら,ぜんぶで 8ほん とれたよ。どの みちを とおったか,わかるかな。みちを たどって みましょう。

28 公園などで同じように遊んだときの様子を話しながら,動きを表す言葉シールを貼りましょう。

ねずみさんは なにを して いるのかな。えを みて ★に あう ことばシールを はりながら,ゴールまで すすみましょう。

29 「かく」の4つの使い方が出てきます。ほかにも,「背中をかく」「べそをかく」「雪をかく」「氷をかく」「茶碗をかく」「(手・足で)水をかく」「あぐらをかく」などがあります。言葉の使い方を広げてあげましょう。

○○の なかに 「かく」が はいるのは どちらかな。ただしい ほうを えらんで,ゴールまで すすみましょう。

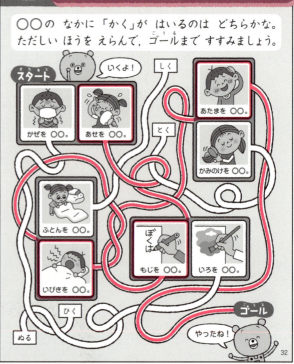

30

ゴールまで進んだら，数字が抜けていないか，声に出して確かめてみましょう。確かめることの大事さを実感させましょう。

1から20まで ビーだまを たどって すすみましょう。

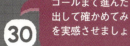

31

1から30までの数を順にたどります。ここでも，数字が抜けていないか，声に出して確かめてみましょう。無事に進めていたら，「やったー！」と親子でハイタッチして，一緒に達成感を味わいましょう。

みつばちが みつを あつめに いくよ。
1から 30まで かずを じゅんに たどって
ゴールまで すすみましょう。

32

お子さんにとって身近なものを中心に集めています。ふだんから，「お皿を3枚取ってね。」「すずめが2羽いるね。」などと助数詞をつけて話すようにしましょう。

ただしい かぞえかたの ことばを たどって，
スタートから ゴールまで すすみましょう。

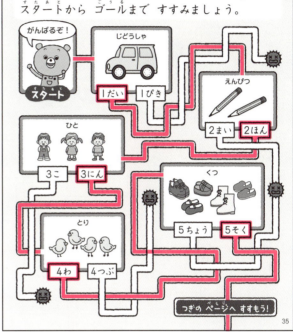

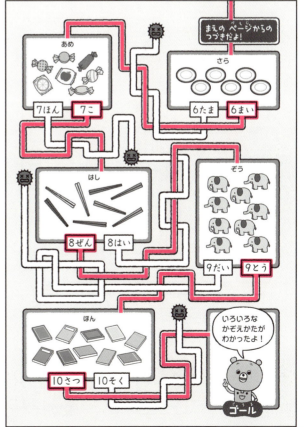

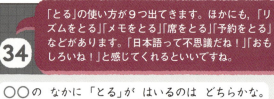

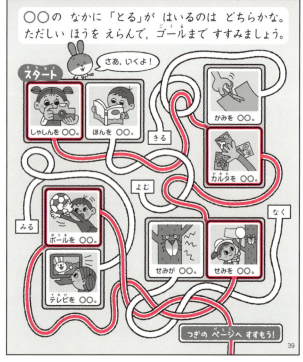

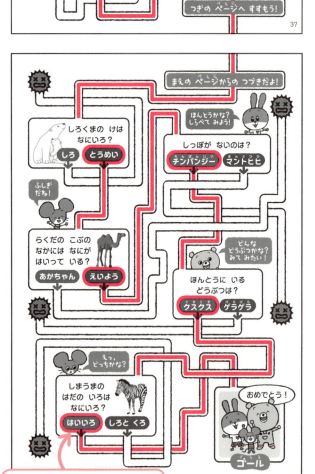

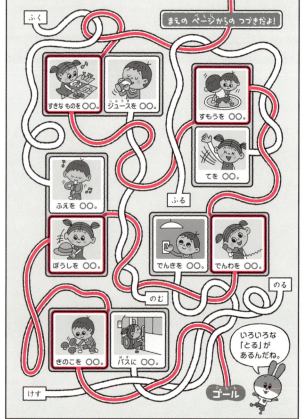

種によって異なる場合があります。

35

あといくつ足すと10になるかを考えます。わかりにくい場合は、卵のパックに卵を8個入れ、「あといくつで10になるかな？」とたずねてみましょう。あいているところを見て「2個」と答えられるようになります。

すうじの ところに きたら、あわせて 10に なる クレヨンの ほうへ すすみましょう。

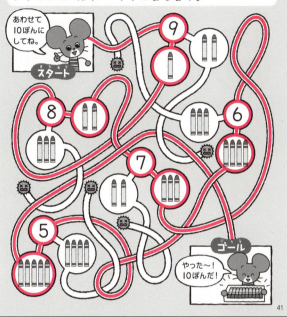

36

合わせて20になる数を考えます。難しいと感じるお子さんには言葉で説明するより、具体物を見せながら説明するとよいでしょう。

すうじの ところに きたら、あわせて 20に なる いちごの ほうへ すすみましょう。

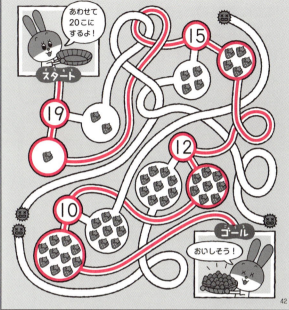

37

反対言葉の理解は難しいので、例えば「本を開く」「本を閉じる」など、実際に動作で示してあげるとわかりやすいでしょう。その後、線をたどり、シールを貼ります。

はんたいの ことばは どれかな。あみだめいろを たどって えを ヒントに、ことばシールを はりましょう。

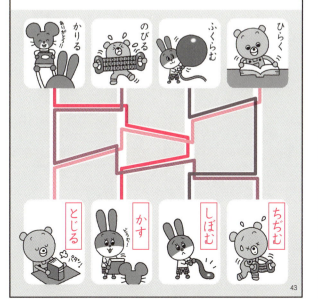

38

37と同様に、具体的な体験を通して反対言葉を知り、その使い方がわかるようになるといいですね。

はんたいの ことばは どれかな。あみだめいろを たどって えを ヒントに、ことばシールを はりましょう。

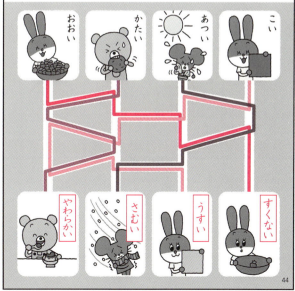

39

積み木が4個のところは全部通らなければいけません。最初に4個のところに印をつけ、次に全部通る道を見つけるようにすると、落とさずに進めます。

4この つみきで つくった かたちを
ぜんぶ とおって、ゴールまで すすみましょう。

40

見えないところにも積み木があることに気づかない場合があります。そんなときは、「この後ろや下にも積み木がかくれているよ。」などと、ヒントを出してあげるとよいでしょう。

6この つみきで つくった かたちを
ぜんぶ とおって、ゴールまで すすみましょう。

41

デジタル表示の時計や文字盤に文字がない時計でも3時がわかったら、「すごいね！」とほめ、「どうしてわかったの？」とたずねてみましょう。

いま 3じです。ちょうど 3じを さして いる とけいだけを ぜんぶ とおって、スタートから ゴールまで すすみましょう。

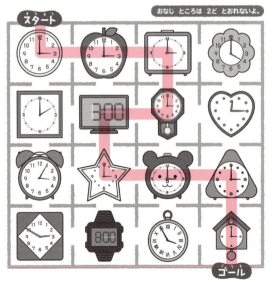

42

まず絵を見て、どんな様子なのか話してみましょう。助詞「は」「へ」については、読み方と書き方が違っていることを知る程度でよいでしょう。

えに あう ぶんに なるように、ただしい ほうを えらんで すすみましょう。

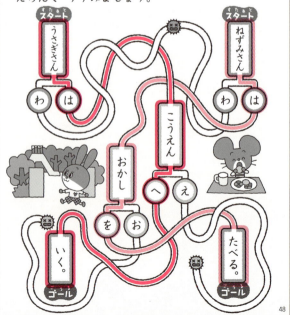

43 1日の生活の流れをたどっていきます。ふだんから生活の中の時刻を意識するように声をかけると,自然に時刻や時間に関心を持つようになります。

ぶんに あう とけいは どちらかな。
ただしい ほうへ すすみましょう。

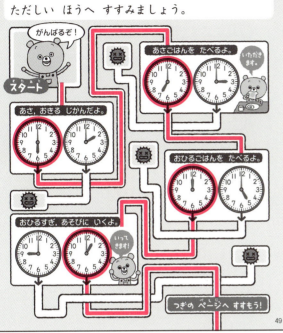

44 絵を見ながら文作りに挑戦します。問題以外にも文が作れたら,「上手に文が作れたね。すごい!」と,大いにほめてあげましょう。

えに あう ぶんに なるように,ことばを つなげましょう。

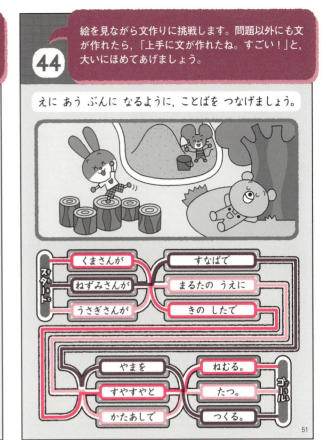

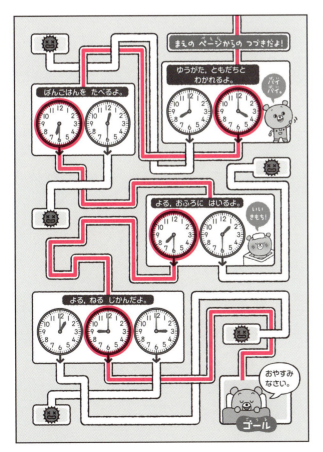

45 最初に絵を見て,それぞれが何をしているか話してみましょう。その後,文作りを始めるといいでしょう。

えに あう ぶんに なるように,ことばを つなげましょう。

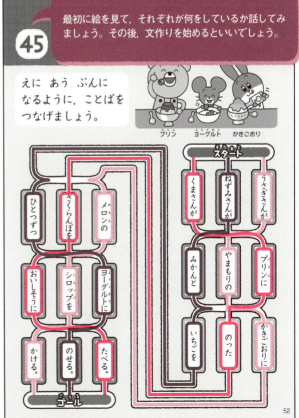

46

10以上の数になり，数の大小の理解が十分でなくなるかもしれません。間違えて進むと行き止まりになるので，戻って確認するようにしましょう。

おおきい ほうの かずを えらんで，ゴールまで すすみましょう。

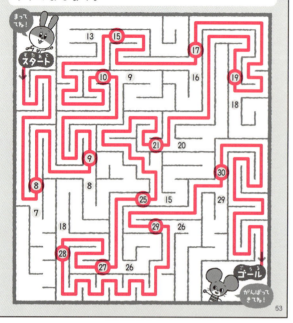

47

100までの数を2つ並べ，比較します。例えば，「34」と「43」を比べる場合は，十の位の数で比べるとよいことを話してあげましょう。

おおきい ほうの かずを えらんで，ゴールまで すすみましょう。

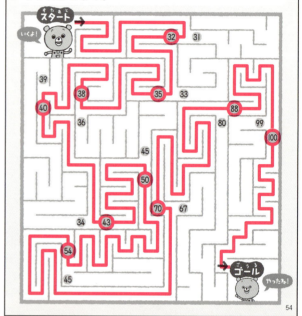

48

ことわざは昔から日本に伝わる，教えやいましめなどの意味を持った短い言葉です。これを機会に，他のことわざも教えてあげましょう。

石の上にも三年
【意味】冷たい石の上でも，三年も座っていれば暖まるということから，何事も辛抱強くやれば，良い結果が得られるというたとえ。

いしの うえにも さんねん

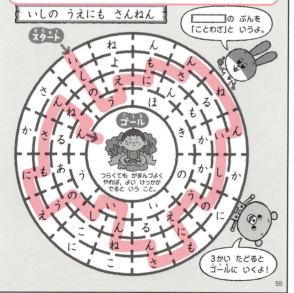

49

迷路をきっかけに，ことわざの使い方を知ることができればいいですね。似た意味のことわざには，「河童の川流れ」「弘法にも筆の誤り」があります。

猿も木から落ちる
【意味】木登りが上手な猿でも木から落ちることがあるように，どんな名人でも失敗することがあるというたとえ。

さるも きから おちる

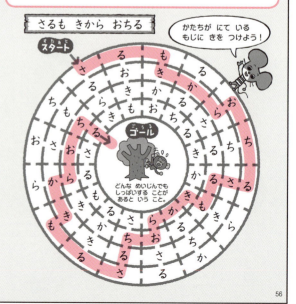

50

ときどき「14」を「104」と書くお子さんがいます。これは、耳で聞いたとおりに「10(じゅう)」と「4(よん)」を並べて書いているからです。カレンダーなどを見せて、2けたの数字の書き方を教えてあげましょう。

ねずみさんと うさぎさんが おりがみを あつめて ゴールまで すすむよ。それぞれ なんまい あつめられるかな。□に かずを かきましょう。

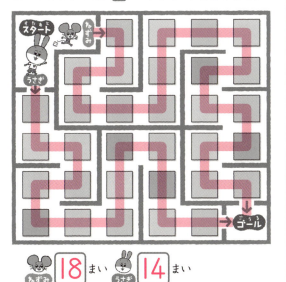

ねずみ 18 まい　うさぎ 14 まい

51

最初に「くまさんの道とうさぎさんの道、どちらが近道かな?」と予想を立てておくと結果が楽しみになります。ますの数は、どちらも40を超えるので、ゆっくりとていねいに数えるように促しましょう。

うさぎさんと くまさんが ジャングルの なかを すすむよ。それぞれ ますを なんまいぶん あるくと でぐちに でられるかな。□に かずを かきましょう。

うさぎ 43 まい　くま 47 まい

ますの かずが すくない ほうが ちかみちに なるよ。

52

それぞれの俳句の意味はわからなくても、絵柄の違いから適切なシールを選んで貼ることができるでしょう。最後に、絵を見ながら俳句を声に出して読んでみましょう。

ことばを つなぐと はいくに なるよ。うまく つなげて、はいくに あう えシールを ★に はりましょう。

53

おうちの方が少しずつメモを読み、読んだところまでの道をお子さんがたどるという方法で進めてもよいでしょう。

したの メモは くまさんの いえまでの みちじゅんだよ。くまさんの いえは どこかな。

あそびに きてね!

えきを でて、さいしょの かどを みぎに まがってね。その あと ゆうびんきょくの かどを ひだりに まがり、まっすぐ すすんでね。
はしを わたって ひだりに まがると 3げん いえが ならんで いるよ。
ぼくの おうちは、まんなかの いえだよ。

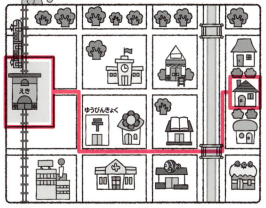

54

実際のお金で50円の組み合わせをつくり、お子さんに見せてあげましょう。それから、迷路に挑戦するとよいでしょう。

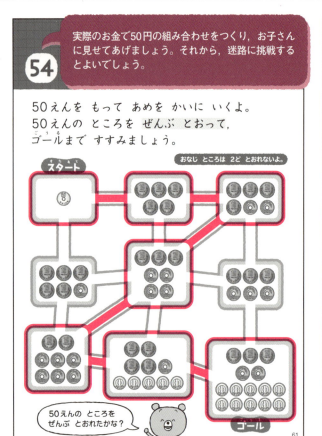

56

最後は子どもたちの大好きなクイズに挑戦します。迷路の道も複雑になっていますので、きちんと進むようにしましょう。

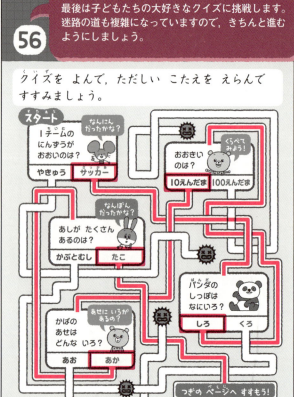

55

100円の組み合わせは複雑なので、実際にお金を組み合わせて確認させましょう。

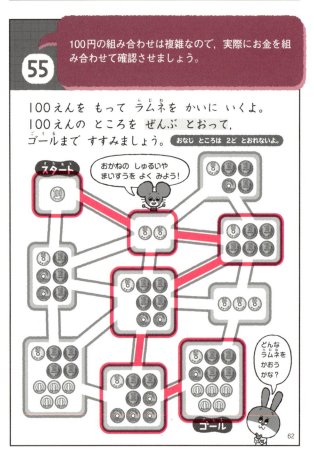

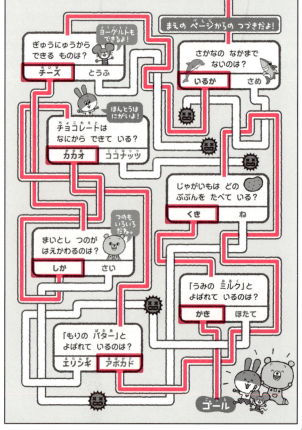